Relaciones

interpersonales

Felipe Lewis

y

Rosa de Lewis

Ediciones Crecimiento Cristiano

Diseño de Tapa:Ana Ruth Santacruz

Ediciones Crecimiento Cristiano
Córdoba 419
5903 Villa Nueva, Cba.
Argentina
oficina@edicionescc.com
www.edicionescc.com

Ediciones Crecimiento Cristiano
es una Asociación Civil sin fines de lucro
dedicada a la enseñanza del mensaje evangélico
por medio de la literatura.

Primera edición: 3/86
Revisión: 4/97
Reimpresion 6/06

I.S.B.N. 950-9596-64-7

Impreso en los talleres de Ediones Crecimiento Cristiano, Junio de 2014

IMPRESO EN ARGENTINA   **VC1**

Introducción

La vida cristiana es, antes de todo, una vida de relaciones. El Señor Jesucristo lo reiteró muchas veces, y de varias maneras. Una buena parte de las Epístolas se ocupa del tema. Si podemos resumir la vida cristiana (como lo hizo nuestro Señor) en amar a Dios y amar al prójimo, entonces este cuaderno explora el tema más importante que enfrenta al cristiano que desea agradar a su Señor.

Pero si éste es el tema clave de la vida cristiana, entonces debemos esperar (y lo vemos en la práctica) que también será el área donde más fácilmente erramos. Podemos decir sin vacilar que los problemas principales que hemos visto en las iglesias evangélicas son los de relaciones mutuas, a veces con los de dentro de la iglesia, otras veces con los de afuera. La tendencia es hablar mucho del amor, pero errar en esas aplicaciones prácticas, diarias, sencillas. Amamos mucho en teoría, pero poco en verdad.

Este cuaderno, por supuesto, no pretende ser la solución definitiva del problema. Pero sí esperamos que los estudios que ofrece les ayuden a reflexionar de nuevo y examinarse frente a las varias relaciones que definen la vida cristiana.

Los editores

Tabla de estudios

1
Mi relación con Dios

La fe judeo-cristiana se basa en el hecho de que Dios es un ser personal, que tiene mente, emociones, voluntad propia, conciencia de sí mismo, libertad. Nosotros somos seres personales porque hemos sido creados a imagen y semejanza de él (Génesis 1:26,27) y para él. De hecho, ¡no hay otra relación interpersonal más importante que nuestra relación con Dios!

En la Biblia encontramos un Dios único que es a la vez tres personas: Padre, Hijo y Espíritu Santo. Al relacionarnos con cualquiera de estas personas nos relacionamos con Dios Todo (ver, por ejemplo, Juan 14:9). Por eso en este estudio no nos limitaremos a una sola persona de la Trinidad.

Lee Apocalipsis 3:20. Se nos pinta aquí un cuadro muy vívido de lo que Dios (Cristo) quisiera que fuera nuestra relación con él.

1   ¿Cuáles deben ser las características de nuestra relación con Dios según este versículo?

2   ¿Qué papel nos toca a nosotros y qué papel a él en esta relación?

3 Según el v. 17 del mismo capítulo, ¿cuál es el problema humano que impide este tipo de relación?

4 Otro enfoque del problema se encuentra en Isaías 59:1-4. Según este pasaje, ¿qué es lo que impide nUestra relación con Dios?

El pecado es lo que más traba las relaciones interpersonales. Pero en nuestra relación con Dios constituye una traba que humanamente es insuperable. El evangelio nos relata lo que hizo Dios para superar este obstáculo.

5 **Lee 2 Corintios 5:19-21**. ¿Qué hizo Dios para eliminar todo obstáculo en la relación hombre-Dios?

6 ¿Qué debemos hacer nosotros?

7 Al estar reconciliados con Dios establecemos con él una relación que tiene muchas facetas. En los pasajes del cuadro de la siguiente página, busca la figura que describe lo que Dios es para nosotros y explica lo que implica la figura.

Para reflexión personal:
¿Cuáles de estas facetas (pregunta 7) de tu relación con Dios han sido importantes en tu vida?

8 Para mantener nuestra relación con Dios debemos practicar ciertos hábitos. ¿Qué aspectos del mantenimiento de nuestra relación con Dios se describen en los siguientes pasajes?
- Juan 14:21-23

- Deuteronomio 17:18,19

- Salmo 1:2

Pasaje	Figura	Lo que implica
Juan 13:13		
Salmo 23:1		
Juan 15:14,15		
Romanos 8:14-16		
Salmo 46:1		
Isaías 43:1		
1 Juan 2:1		
Juan 14:16		

- Salmo 5:3

- Daniel 6:10

- 1 Tesalonicenses 5:17,18

> **Para reflexión personal**
> ¿Qué tiempo apartas diariamente para
>   encontrarte con Dios? ¿Por qué has
>   escogido este momento?

2
Mi relación conmigo mismo

La Palabra de Dios nos hace ver claramente que nuestra relación con nosotros mismos es un determinante fundamental de nuestro bienestar y de la relación que tendremos con el resto de nuestros semejantes.

Lee Mateo 22:35-40.

1 Según el v. 39, ¿cuál es la actitud que normalmente tiene una persona hacia sí misma?

2 En este pasaje se mencionan 3 objetos del amor de una persona. Escríbelos en el orden de importancia que te parece lógico.
- Primero:

- Segundo:

- Tercero:

El pasaje menciona el amor que sentimos hacia nosotros mismos, pero este concepto inquieta a muchos cristianos. Tal vez esto se debe a que se confunde amor a sí mismo con orgullo o amor propio. Siendo que el amor por nosotros mismos es la medida con la cual debemos amar a Nuestro prójimo, es necesario comprender primero qué es el amor por uno mismo.

3 ¿Cómo lo definirías?

4 ¿Cuál es la diferencia entre amor por uno mismo y orgullo?

- Amor por uno mismo:

- Orgullo:

Para reflexión personal

¿Cómo te sientes con respecto a ti mismo?

¿Cuáles son tus cualidades positivas?

¿Cuáles tus debilidades?

¿Te enorgullece saber que tu tienes estas
    cualidades positivas que otros no tienen?

¿Te desesperan y deprimen tus debilidades?

Si nos amamos a nosotros mismos, aceptamos nuestras cualidades positivas como regalos de Dios. No las negamos (falsa humildad), ni nos sentimos superiores porque las tenemos (orgullo).

También aceptamos nuestras debilidades. No nos desesperamos por ellas, sino tratamos de superarlas con la ayuda de Dios. No las usamos para obtener conmiseración.

Lee Romanos 12:3-8. Según este pasaje, cada uno de nosotros tiene distintas habilidades o dones, para servirnos unos a otros dentro del cuerpo de Cristo, la iglesia. Dios ha repartido estos dones según su gracia (favor inmerecido, v. 6).

5   ¿Qué sentimientos puede despertar En nosotros el mirar los dones que otras personas tienen?

6   ¿A qué nos exhorta Pablo en el v. 3?

7   ¿Qué significa pensar de nosotros mismos con cordura?

Lee Salmo 139:14-16.

8   Cuando el salmista pensó en sí mismo, ¿cómo reaccionó?

9 ¿Te parece que esto es ser realista? Explica tu conclusión.

La Biblia afirma que Dios es mi Creador, es Aquel que me hizo, y me hizo tal como soy: con las características raciales, sexuales, con el aspecto físico, la inteligencia, rasgos básicos de personalidad, etc. que tengo.

10 ¿Puede aplicarse lo que dice Romanos 8:28,29 a estas características mías? Explica el por qué de tu respuesta.

11 Según 1 Tesalonicenses 5:18, ¿qué actitud debo tener frente a Dios *en todo*, incluyendo estas cualidades mías?

Para reflexión personal
¿He dado gracias a Dios por las características que me son propias como persona?

12 En el propio caso de Pablo, es probable que el tuviera un problema físico. En 2 Corintios 12:7-10, ¿qué actitud toma él frente a este problema?

13 1 Corintios 6:19,20 nos enseña que nuestro cuerpo es morada del Espíritu Santo. ¿Qué nos pide Pablo que hagamos con nuestro cuerpo en el v. 20? Explica lo que esto significa para ti.

14 Lee Filipenses 3:12-14.
- ¿Estaba Pablo satisfecho consigo mismo?

- ¿Cuál era su principal meta en la vida?

- ¿Qué plan tenía para alcanzarla?

Para reflexión personal
¿Cuáles cosas quisieras cambiar en tu
    forma de ser, en tu aspecto personal,
    etc.?

3
Mis relaciones con mi familia (1)

E l tema de las relaciones familiares es muy amplio, por lo que tendremos que dividirlo en dos partes. En este primer estudio enfocaremos la relación con nuestros padres.

Lee Efesios 6:1-3.

1 ¿Cuáles son los dos verbos que emplea este pasaje para describir lo que Dios espera de los hijos en relación con sus padres?

2 ¿Qué diferencia de significado existe entre estos dos verbos?

Obedecer

Compara Efesios 6:1 con Colosenses 3:20.

3 ¿Qué tipo de obediencia debemos prestar como hijos?

4 ¿Por qué debemos obedecer así?

Honrar

Varios pasajes bíblicos nos ayudan a ver el alcance de este mandamiento, el quinto de los 10 mandamientos (Éxodo 20:12, Deuteronomio 5:16).

5 Lee Marcos 7:9-13. Al criticar la hipocresía de los fariseos, ¿qué nos enseña Jesús acerca de *honrar*?

6 En 1 Timoteo 5:3,4 y 7,8 Pablo recalca la misma verdad. Aparte de nuestros padres, ¿quiénes más tienen derecho a este aspecto de nuestro *honrar*?

7 Lee Proverbios 1:8; 6:20-23; 13:1 con 15:5. ¿Qué otro aspecto de *honrar* a padre y madre se destaca en estos versículos?

8 La Biblia también describe lo que significa deshonrar a los padres. ¿Qué ejemplos de deshonrar se describen en los siguientes pasajes?
 • Éxodo 21:15 y 17

 • Deuteronomio 21:18-21

 • Proverbios 20:20

9 ¿Qué indicación tenemos de la gravedad de esta conducta?

10 Volviendo a Efesios 6:2,3, ¿qué consecuencias positivas surgen de honrar a nuestros padres?

11 ¿Qué significa esta doble promesa?

12 ¿Qué alcance tiene Efesios 6:1-3 para:
- hijos creyentes cuyos padres son inconversos?

- jóvenes solteros que han cumplido 21 años y son legalmente mayores de edad?

...¿

Problema:

Un joven que esta cursando 3 año de Ciencias Económicas siente que Dios quiere que dedique su tiempo completo a la obra del Señor, y para ello quiere asistir a un instituto bíblico. Sus padres, que no son creyentes, insisten que primero debe completar sus estudios universitarios. ¿Qué le aconsejarías?

...?

Para reflexión personal

¿Cómo ve Dios la relación que tengo con mis padres?

¿Este aspecto de mi vida trae satisfacción a Dios?

4
Mis relaciones con mi familia
(2)

En este segundo estudio sobre relaciones familiares, exploraremos otras dimensiones de la convivencia dentro de la familia nuclear.

Lee Génesis 2:24. Aquí se describe un cambio en la relación con los padres.

1   ¿Qué significa *dejar* padre y madre?

2   ¿En qué aspectos cambia la relación de una persona con sus padres al casarse?

---

3 ¿Qué nos indica 1 Corintios 1:3 acerca de la cadena de autoridad que se establece en cada hogar? (Nota la traducción de la Versión Popular: "... que Cristo es cabeza de cada hombre y que el esposo es cabeza de su esposa... ")

Mi relación con mis abuelos

Aunque es poco lo que la Biblia enseña específicamente acerca de esta relación, algunos principios merecen mencionarse.

Recordemos lo ya visto en 1 Timoteo 5:3,4 y 7,8. (Estudio 3, pregunta 6)

4 ¿Cómo describe Proverbios 17:6 la relación ideal entre distintas generaciones?

5 **Lee Levítico 19:32**. ¿Qué actitud de los jóvenes hacia las personas ancianas (abuelos incluídos) es importante para Dios?

Mi relación con mis hermanos

Este término generalmente tiene en la Biblia un sentido más amplio que el que le damos en el uso corriente. En el Antiguo Testamento puede referirse a cualquier miembro de la familia extendida; en el Nuevo Testamento abarca a los que comparten nuestra fe y son, por lo tanto, hijos de nuestro Padre Celestial.

Sin perder de vista el sentido amplio del término, podemos aplicar los principios referidos a la familia extendida a las relaciones más estrechas que existen dentro de la familia nuclear.

Lee *Salmo* 133.

6 ¿Qué dice el salmista acerca de la relación ideal entre hermanos?

7 ¿Qué significan las figuras que emplea en los versículos 2 y 3a para describir esa relación?

8 ¿Cuál es la consecuencia de una relación armoniosa entre hermanos?

9 La relación fraternal no siempre es armoniosa. En los pasajes del encuadro procura identificar la raíz de los problemas entre hermanos que allí se describen.

Pasaje	Personaje	Raíz del problema
Génesis 4:3-9		
Génesis 27:35,36		
Génesis 37:2-4,		
Números 12:1,2		
1 Samuel 17:28,29		
Lucas 10:38-42		
Lucas 12:13-15		
Lucas 15:25-32		
Mateo 7:3-5		

10 Según Proverbios 18:19, ¿cuál suele ser la consecuencia de desacuerdos entre hermanos?

11 ¿Qué indicaciones encontramos en Levítico 19.17, 18 que pueden ayudarnos a resolver problemas con hermanos?

Para reflexión Personal
¿Hay alguna traba en mi relación con mi hermano o mi hermana que debo solucionar para estar en condiciones de acercarme a Dios?

5
Mi relación con los que me rodean (1)

L a palabra que emplea comúnmente la Biblia para describir a los que nos rodean es la palabra prójimo. En los idiomas bíblicos, al igual que en castellano, la palabra simplemente describe a cualquiera que se encuentra cerca mío, en proximidad, sin especificar qué tipo de relación nos une. En este estudio y el siguiente procuraremos primero examinar qué tipo de relación debemos tener con los prójimos en general y luego examinar nuestra relación con ciertos grupos especiales de "prójimos".

1 Lee Lucas 10:29-37.

- ¿Cuál es la pregunta que da lugar a esta parábola?

- ¿Quién es el "prójimo" de la parábola?

- ¿Qué características tiene?

- ¿Con quién se lo contrasta?

---

2 ¿Qué quiso enseñar Jesús al "intérprete de la ley" que le hizo la pregunta?

Ya hemos visto el principio básico que rige nuestra relación con nuestro prójimo (Levítico 19:18).

3 Lee Mateo 22:38-40. ¿Qué dice Jesús acerca de la importancia de este principio?

4 Lee Romanos13:8-10. ¿Qué otros elementos aporta Pablo a nuestra comprensión de la importancia de amar al pRójimo?

5 Lee Santiago 2:8,9.
- ¿Qué expresión usa Santiago para describir este principio?

- ¿Qué quiere decir con esta frase?

- ¿Qué actitudes contrarias al amor condena Santiago en este pasaje?

6 ¿Qué otros aspectos de nuestra responsabilidad hacia otros se destacan en los siguientes pasajes:
- Romanos12:17,18?

- Filipenses 4:5?

- Gálatas 6:10?

- Tito 3:2?

7 Según Mateo 5:13-16, ¿qué responsabilidad tenemos hacia nuestros prójimos?

8 Pensando en las figuras que emplea Jesús en Mateo 5:13-16, ¿cuáles serían algunas formas prácticas de cumplir con esta responsabilidad?

9 Lee Colosenses 4:5,6.

- ¿A qué grupo de "prójimos" se refiere Pablo en este pasaje?

- ¿Qué aspectos de nuestra forma de vivir y de actuar se destacan aquí?

10 Lee Mateo 5:43-45.

- ¿A qué grupo especial de "prójimos" se refiere Jesús en estos versículos?

- ¿Qué explicación da aquí Jesús de lo que significa amar a estas personas?

* ¿Por qué debemos amarlas así?

11 Lee Romanos12:17-21. En este pasaje, ¿cuáles son las tres cosas que *no* debemos hacer frente a nuestros enemigos?

12 ¿Cuáles son los cinco pasos positivos que debemos tomar frente a ellos, según este pasaje?

❶

❷

❸

❹

⑤

¿...

Problema:

Si tuvieras un compañero/a de trabajo o de estudios que te hiciera la vida imposible calumniándote, burlándose de tus creencias, haciéndote pasar por tonto, ¿qué pasos concretos tomarías para aplicar las enseñanzas de este pasaje a tu relación con esta persona?

..?

> **Para reflexión personal**
> ¿Hay alguna persona aquí en el grupo o en el lugar donde vivo con quien no me llevo bien? ¿Qué debo hacer para mejorar mi relación con ese prójimo?

6
Mi relación con los que me rodean (2)

Los amigos constituyen un grupo muy especial de "prójimos".

1 ¿De qué característica básica de un buen amigo nos habla Proverbios 17:17?

2 ¿Qué otro aspecto de la amistad se describe en Proverbios 27:17?

3 ¿Qué cualidades contribuyen a formar y a mantener una amistad según Proverbios 18:24 y 17:9?

Para reflexión personal
¿Qué cualidades de amigo de nuestro?

Mas o menos la mitad de nuestros prójimos son del sexo opuesto.

4 ¿Cuáles son las dos cualidades que deben caracterizar la relación entre jovenes del sexo opuesto según 1 Timoteo 5:2?

5 ¿Cuáles son algunas de las cualidades que caracterizan la actitud y conducta de:
* un hermano hacia su hermana?

* una hermana hacia su hermano?

6 ¿Qué significa *pureza* en la relación con personas del sexo opuesto?

7 ¿Qué aspectos de una relación pura se destacan en Mateo 5:28 y 1 Timoteo 2:9,10?

> **Para reflexión personal**
>
> ¿Qué reacción provoco en personas de mi
>   edad del sexo opuesto?
> ¿Qué reacción quisiera provocar?
> ¿Qué debo cambiar en mi actitud o
>   presentación o conducta para ajustarme
>   a las normas bíblicas?

En la parte final de este estudio queremos reflexionar sobre nuestra relación con los prójimos que son parte de la "familia de la fe" (Gálatas 6:10).

8 ¿Por qué emplea Pablo esta figura (familia) para describir la comunidad de creyentes?

El apóstol Pablo emplea frecuentemente la frase "unos a otros" para describir responsabilidades que tiene *todo* creyente para con los demás.

9 ¿A qué responsabilidad mutua se refiere cada uno de los pasajes de la página siguiente?

> **Para reflexión personal**
>
> Repasa la lista. ¿Cuáles de estas
>   actividades son parte frecuente de tu
>   relación con otros creyentes? ¿Cuáles
>   te faltan desarrollar?

Pasaje	Responsabilidad mutua
Romanos12:10	
Romanos15:7	
Romanos15:14	
Romanos16:16	
Gálatas 5:13	
Gálatas 6:2	
Efesios 4:2	
Efesios 4:32	
Efesios 5:21	
1 Tesalonicenses 4:18	
1 Tesalonicenses 5:11	

10 Lee Mateo 5:22-24. ¿Qué enseña el Señor Jesús acerca de las peleas entre creyentes y sus consecuencias?

11 En Mateo 18:15-17, Jesús explica los pasos a seguir en un caso de conflicto entre creyentes. Tanto en Mateo 5 como 18, ¿quién es el principal responsable de la resolución de situaciones de conflicto?

12 ¿Qué pasos debe tomar un creyente para enfrentar una situación de conflicto con un hermano?

¿...

Problema:

Un amigo viene a hablarte acerca de un conflicto que tiene con otro creyente. Antes de escucharle, ¿qué es lo que necesitas preguntar a tu amigo?

...?

7
Mi relación con los que están en autoridad

Autoridad. La palabra puede evocar en nosotros una serie de reacciones, algunas de ellas quizás negativas. Sin embargo, la Biblia enseña claramente que el creyente vive en un mundo con una serie de estructuras ordenadas por Dios en las cuales se nota una cadena de autoridad. También dedica considerable espacio a dar instrucciones explícitas acerca de cómo el creyente debe manejarse frente a los que tienen autoridad sobre él.

Anarquía significa ausencia de gobierno. El libro bíblico de Jueces describe uno de los períodos más negros de la historia de Israel. El último versículo del libro nos describe porqué fue tan difícil esa época (Lee Jueces 21:25; ver 17:6).

1 ¿Por qué te parece que es necesario que existan autoridades?

Autoridades del gobierno

Lee Romanos 13:1-7. (Nota: este pasaje fue escrito alrededor del año 57, siendo Nerón emperador de Roma. Era conocido por su cruel persecución contra los cristianos.)

2 ¿Qué términos emplea Pablo para describir a las autoridades del gobierno?

3 ¿Qué dice acerca de la relación entre Dios y los gobernantes?

Nota: "someterse" o "sujetarse" (Griego: *hupotasso*) vv. 1 y 5, es una palabra clave que volveremos a encontrar varias veces. Deriva de dos palabras: hupo (abajo) y tasso (establecer). La idea del verbo es, entonces, "colocarse debajo de lo establecido (por Dios); reconocer el orden que Dios ha fijado".

4 ¿Cómo resumirías lo que Pablo enseña acerca de la relación que debes tener con los que te gobiernan?

Lee 1 Pedro 2:13-16. Este pasaje reitera algunos de los conceptos ya expresados en Romanos 13.

5 ¿Qué otra razón o razones da Pedro para fundamentar nuestra obligación de mantener buenas relaciones con las autoridades?

Autoridades del trabajo o estudio

6 Lee Colosenses 3:22-24.
- ¿A quiénes va dirigido este pasaje?

- ¿Qué actitudes pedía Pablo de estos trabajadores ante sus patrones y en su trabajo?

- ¿Por qué?

7 Lee 1 Pedro 2:18-23. El apóstol describe aquí una difícil situación de trabajo.
  - ¿Qué instrucciones da a los trabajadores que tienen patrones "difíciles de soportar"?

- ¿Cómo fundamenta estas instrucciones?

8 ¿Te parece que las instrucciones que Pablo y Pedro dan a siervos son aplicables a un estudiante? ¿Por qué?

9 En Daniel 1:3-20 encontramos un grupo de jóvenes creyentes que cursaban estudios superiores en una universidad pagana. ¿Qué principios de conducta puedes encontrar al estudiar la relación de Daniel y sus compañeros con las autoridades?

Autoridades en la iglesia

10 En los pasajes del cuadro de la página siguiente nota:

- la responsabilidad que tienen los pastores/ancianos de la iglesia hacia los que son parte de la iglesia, incluyendo los jóvenes.
- la actitud que deben tener los integrantes de la iglesia hacia los pastores/ancianos.

Conflictos

Varios pasajes ya vistos nos indican que debemos someternos a los que están en autoridad y obedecerles. Pero las instrucciones que ellos nos dan pueden estar en conflicto con lo que Dios manda.

Pasaje	Responsabilidad	Actitud
1 Tesalonicenses 5:12,		
Hebreos 13:7		
1 Timoteo 5:17		
1 Pedro 5:1-5		

11 ¿Cuál es el principio que encontramos en Hechos 5:29 y que nos ayuda a resolver estos conflictos de autoridad?

12 ¿Cómo podemos evitar confundir un mandato de Dios con una idea o impulso personal?

Considerando cuidadosamerte los principios que hemos visto, estudia las siguientes situaciones específicas:

¿...

Problema #1:

El gobierno saca un decreto prohibiendo concentraciones en la vía pública. Esto afecta las reuniones al aire libre que habitualmente realiza la iglesia. ¿Qué actitud deben asumir los creyentes hacia este decreto?

...?

¿...

Problema #2:

Un joven de la iglesia es empleado de una casa de comercio. Sus actividades dentro y fuera de la iglesia hacen que frecuentemente se acueste muy tarde, y a veces llega tarde o falta al trabajo. Su patrón le pide que venda mercadería de mala calidad como si fuera de muy buena calidad. El se niega, alegando que sería deshonesto, y el patrón amenaza despedirlo. ¿Qué consejo le darías?

...?

¿...

Problema #3:

Una joven creyente está de novio con un joven que asiste a las reuniones de la iglesia pero que no ha indicado su decisión de seguir a Cristo. Después de conversar extensamente con ambos, los ancianos de la iglesia han aconsejado a esta joven que rompa su noviazgo. Si ella te consulta, ¿qué le aconsejarías?

...?

Cómo utilizar este cuaderno

Estos cuadernos son *guías de estudio*, es decir, su propósito es guiarle a usted para que haga su propio estudio del tema o libro de la Biblia que desarrolla este material.

El cuaderno propone un diálogo. En él introducimos el tema, sugerimos cómo proceder con la investigación, comentamos, pero también preguntamos. Los espacios después de las preguntas son para que usted anote su respuesta a ellas.

Esperamos que, por medio del diálogo, le ayudemos a forjar su propia comprensión del tema. No de segunda mano, como cuando se escucha un sermón, sino como fruto de su propia lectura y investigación.

¿Cómo hacer el estudio?

1 - Antes de comenzar, ore. Pida ayuda a Dios que le hable y le dé comprensión durante su estudio.

2 - Se deben leer los pasajes bíblicos más de una vez y preguntarse: ¿Qué dice el autor? Aunque muchos utilizan la versión Reina-Valera de la Biblia, conviene tener otra versión o versiones disponibles para comparar los pasajes entre las dos. La "Versión popular" y la "Nueva versión internacional" le pueden ayudar a ver el pasaje con más claridad.

3 - Siga con la lectura de la lección. Responda lo mejor que pueda a las preguntas.

4 - Evite la tendencia de "apurarse para terminar". Es mejor avanzar lentamente, pensando, preguntando, aclarando.

En grupo

El estudio personal es de mucho valor pero se multiplican los beneficios si lo acompaña con el estudio en grupo. Un grupo de hasta 8 personas es lo ideal. Pero puede ser que por diferentes motivos el grupo esté formado por usted y una persona más, aun así, es mejor que estudiar solo.

En realidad, estos cuadernos han sido diseñados con ese motivo: estimular el estudio en células, en grupos pequeños.

La manera de hacerlo es fácil:

1 - **Usted hace en forma personal una de las lecciones del cuaderno**. Aun cuando pueda haber cosas que no entienda bien, haga el mayor esfuerzo posible para completar la lección.

2 - **Luego se reune con su grupo**. En el grupo comparten entre todos las respuestas de cada pregunta. Puede ser que no tengan las mismas respuestas, pero comparando entre todos las van aclarando y corrigiendo.

Es durante este compartir semanal de una hora y media, este diálogo entre todos, donde se encuentra la verdadera riqueza y que nos provée esta forma de estudio.

3 - **Evite salirse del tema**. El tiempo es oro, y lo más importante es enfocar todo el esfuerzo del grupo en el tema de la lección. Luego, pueden dedicar tiempo para conocerse más y tener un rato social.

4 - **Participe**. Todos deben participar. La riqueza del trabajo en grupo es justamente eso.

5 - **Escuche**. Hay una tendencia de apurar nuestras propias opiniones sin permitir que el otro termine. Vamos a aprender de cada uno, aun de los que, según nuestra opinión, están equivocados.

6 - **No domine la discusión**. Puede ser que usted tenga todas las respuestas correctas, sin embargo es importante dar lugar a todos, y estimular a los tímidos a participar. No se trata de sobresalir, sino de compartir aprendiendo juntos.

Si en el grupo no hay una persona con experienca en coordinarlo, se puede encontrar ayuda para dirigir un grupo en:

1 - Nuestra página web, www.edicionescc.com. La sección "Capacitación" ofrece una explicación breve del método de estudio.

2 - En las últimas páginas de nuestro catálogo se ofrece también una orientación.

3 - El cuaderno titulado "Células y otros grupos pequeños" es un curso de capacitación para los que desean aprender cómo coordinar un grupo.

4 - Hay algunas guías que disponen de un cuaderno de sugerencias para el coordinador del grupo.

Finalmente diremos que las guias no contienen respuestas a las preguntas ya que el cuaderno es exactamente eso, una guia, una ayuda para estimular su propio pensamiento, no un comentario ni un sermón. Le marcamos el camino, pero usted lo tiene que seguir.

Que el Señor lo acompañe en esta tarea y si necesita ayuda, comuníquese con nosotros. Estamos para servirle.

Se terminó de imprimir en

Talleres Gráficos de

Ediciones CC

Córdoba 419 - Villa Nueva, Pcia de Córdoba

Junio de 2014

IMPRESO EN ARGENTINA

www.ingramcontent.com/pod-product-compliance
Lightning Source LLC
Chambersburg PA
CBHW060629030426
42337CB00018B/3267